Jörg Stanko

# Die große Reise

Illustriert von Astrid Pomaska

2004 Essen

**ISBN 3-00-013696-7**
Herstellung:
Druck und Verlag
Pomaska-Brand GmbH
Schalksmühle

Für Julius
... und für alle Kinder
und alle Väter, die wissen,
dass man sie nicht
voneinander trennen kann

Immer wenn Papa und
Julius einschliefen und der
Stern zu Besuch kam,
machten sie große und
weite Reisen in fremde,
vertraute Welten ...

Sie standen nackich unter einem großen Wasserfall und erfrischten sich.
Eine kleine rosa Wolke war immer bei ihnen ...

Wenn sie auf ihrem Stern saßen, konnten sie die ganze Welt sehen, und Julius wusste: Papa ist ein Teil von Julius, und Papa wusste: Julius ist ein Teil von Papa, und beide wussten: Julius und Papa sind ein Teil des großen Geistes, der überall ist.
In den Bäumen, in den Wolken, und auf jedem Stern …

... und im großen Meer, in dem alle Seelen baden, und in dem alle Seelen leuchten.
Und ganz weit oben war der größte Stern, der über allem leuchtete,
heller als der hellste Stern...

Das war die Sonne! Und jeder, der sie besuchte, lächelte,
denn er hatte die Sonne gesehen ...

Opa Ostwind freute sich immer sehr über ihren Besuch.
Er konnte alle Lieder der Welt singen und jedes Gedicht aufsagen.

Sie tranken zusammen Tee und aßen jede Menge Erdbeerkuchen.
Opa Ostwind erzählte von alten Geheimnissen bis spät in die Nacht.

Dann lagen sie lange im Gras, erzählten sich Geschichten
und erholten sich prächtig, bis der Morgen dämmerte.

Und wenn sie später wieder in ihre Betten flogen, wussten sie, dass sie immer zusammen sein können, auch wenn sie sich nicht jeden Tag sehen ...

Im selben Verlag erschienen:

Im Buchhandel oder direkt unter www.limette-kinderbuecher.de

Jörg Stanko
„Flieg Hilde, flieg!"
kartoniert
ISBN 3-00-016836-2

Ein heiteres, angstfreies Buch über den Tod, in dem wir etwas über Kühe in Indien, über Blumendünger, über die Seele, über das Rad von Leben, Tod und Wiedergeburt, über Schnabeltassen und Lakritze erfahren.